Red envelopes sobres Rojos

CHRIS HELENE BRIDGE

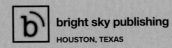

bright sky publishing

HOUSTON, TEXAS

With Gratitude
to my mother who wrote letters and encouraged me to do the same,
to all my family and friends whose love and letters inspired this story,
to Principal Keri Fovargue, Art Teacher Melisa Walsh, and the
River Oaks Elementary Art Club for their creative cutouts included in the illustrations,
to Lucy Chambers, Fiona Bills and Marla Garcia at Bright Sky Publishing
who help make the world a better place one beautiful book at a time,
and to the Author of Creation who guides my heart and hand.

bright sky publishing
HOUSTON, TEXAS

2365 Rice Blvd., Suite 202
Houston, Texas 77005

ISBN: 978-1-942945-65-9

10 9 8 7 6 5 4 3 2 1

Library of Congress Cataloging-in-Publication Data on file with the publisher.

Editorial Director: Lucy Herring Chambers
Designer: Marla Y. Garcia

Printed in Canada by Friesens

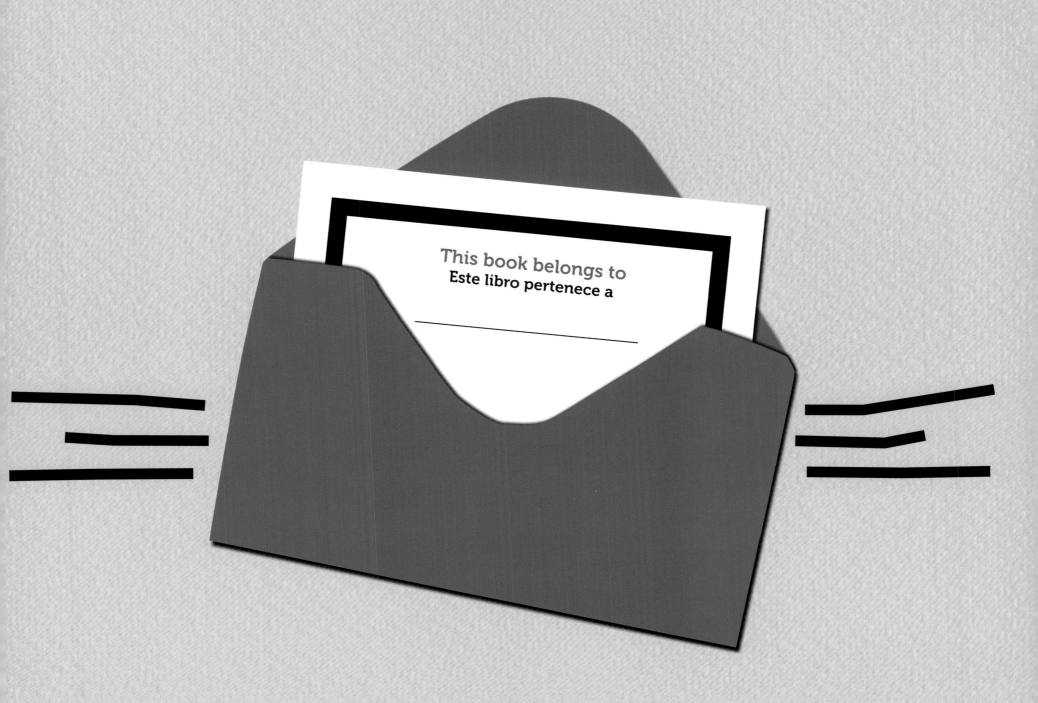

What would you
find in your mailbox
on an ordinary day?

I went to get the mail,
Just as I do each day.
I didn't think I'd find much—
It was not a special day.

¿Qué encontrarías
en tu buzón
en un día cualquiera?

Fui a recoger el correo,
Tal como lo hago siempre.
No pensé que encontraría algo en especial —
El día era común y corriente.

Have you ever received
something special
in the mail
for no reason at all?

¿Alguna vez has recibido
algo especial en el correo
sin razón alguna?

It was not a holiday,
And it was past my birthday, too.
So I was quite surprised to find
A red envelope from you!

A bright red envelope!
What could the reason be
For you to send a letter,
Especially for me?

No era un día festivo,
Y ya había pasado mi cumpleaños, aparte.
Por lo que me sorprendí mucho al encontrar
¡Un sobre rojo de tu parte!

¡Un sobre color rojo intenso!
¿Qué razón tendrías tú
Para mandarme una carta
Que tocaría mi espíritu?

How do you think
someone would feel
if they received a note
in a red envelope?

———————

¿Cómo crees que
se sentiría una persona
si recibiera una carta
en un sobre rojo?

When I opened up the envelope,
Here's what it had to say:
I'm just thinking of you
"Hope you have a happy day!"

The words made me smile.
My heart skipped a beat.
And I got a great idea
From this unexpected treat.

Cuando abrí el sobre,
Esto es lo que decía:
Solo estoy pensando en ti
"¡Espero que tengas un feliz día!"

Las palabras me hicieron sonreír.
Se me paró el corazón.
Y tuve una gran idea
Gracias a este detalle inesperado en el buzón.

Can you imagine
some places besides
a mailbox to find
an envelope?

¿Te puedes imaginar
otros lugares aparte
de un buzón donde pudieras
encontrar un sobre?

Oh wouldn't it be grand?
Wouldn't it be fun?
If we sent red envelopes
To each and everyone?

Imagine, bright red envelopes
Flying through the air,
With messages of love
Landing everywhere!

¿No sería grandioso?
¿No sería divertido?
¿Si mandáramos sobres color rojo intenso
A todos y cada uno en el mundo?

Imagínatelo, sobres color rojo intenso
Por el aire volando,
¡Con mensajes de amor
Por todos lados aterrizando!

What does it mean
to be a shining star?

_____

¿Qué significa ser
una estrella brillante?

Bright red envelopes
Sent from near and far!
Go look in the mail:
"You are a shining star!"

Sobres color rojo intenso
¡Enviados de todas partes!
Anda, ve dentro del buzón:
"¡Eres una estrella de las más brillantes!"

Do you think the dog
left the envelope for someone?
Do you think the dog
knows who left it?

¿Crees tú que el perro dejó
el sobre para alguién?
¿Crees tú que el perro sabe
quién dejó el sobre?

Bright red envelopes—
See them at your door?
Sitting on the mat—
"It's you that I adore!"

Sobres color rojo intenso —
¿Los ves a la entrada?
Encima de la alfombra —
Para mí, "¡tú eres la persona más adorada!"

What does XOXO mean?
Can you make an X and O
with your finger?

¿Sabes qué significa XOXO?
¿Puedes hacer una X
y una O con tus dedos?

Bright red envelopes—
I can hardly wait!
Sealed with a kiss,
Saying, "I think you are great!"

Sobres color rojo intenso —
¡Qué desesperación!
Sellados con un beso,
Y te digo que, "¡eres digno de mi admiración!"

Who do you think
sits in this chair?
What might they say when
they see the red envelope?

—————————

¿Quién crees que se
sienta en ese sillón?
¿Qué podrían decir cuando
vieran el sobre rojo?

Bright red envelopes,
Lying on the chair.
"Come in, sit down!
See how much I care?"

Sobres color rojo intenso,
Encima del sillón.
"¡Entra, siéntate!
¿Ves que te aprecio un montón?"

Whose shoe could you
put an envelope in?

_____

¿En el zapato de qué persona
podrías poner un sobre?

Bright red envelopes—
There's one in your shoe!
"Every day—at school or at play—
I'll be cheering for you!"

Sobres color rojo intenso —
¡Allí esta uno, a la vista!
"Todos los días — en la escuela o al jugar —
¡Seré tu porrista!"

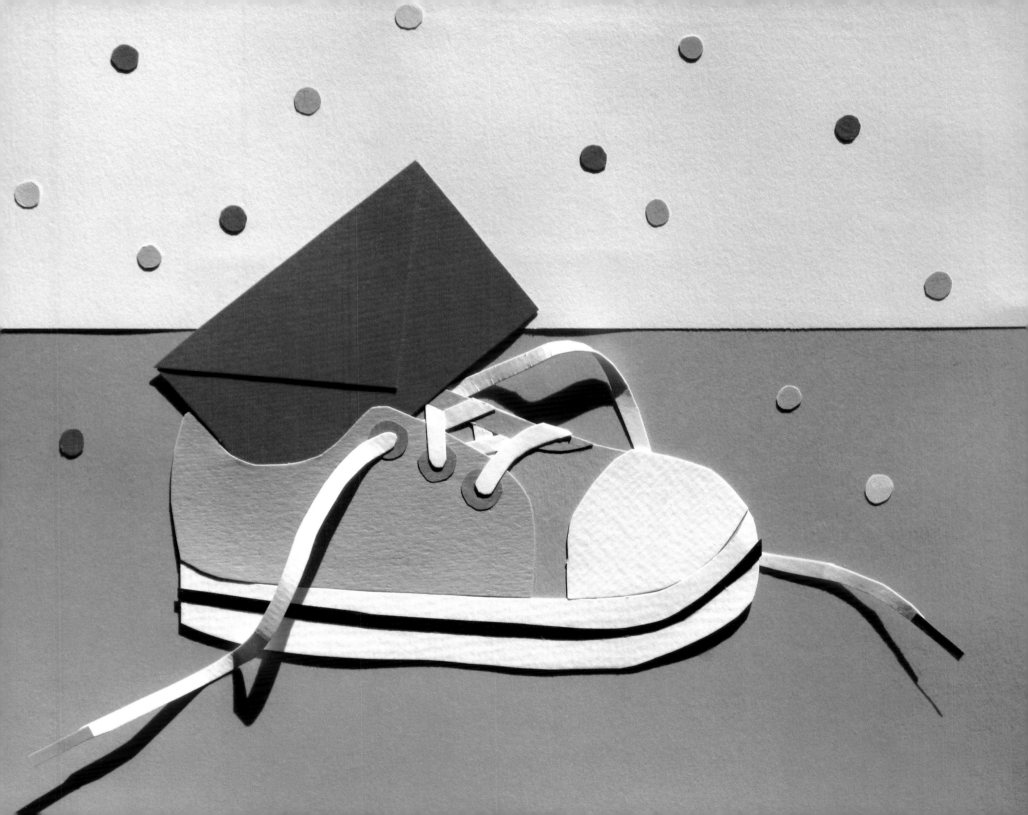

What do you think each
chocolate has inside it?
Which one would you
like to eat?

———————

¿Qué crees que hay dentro
de cada chocolate?
¿Cuál de ellos
te gustaría comer?

Bright red envelopes
And a chocolate treat,
Sitting on the table
Because you are so sweet!

Sobres color rojo intenso
Y una sorpresa de caramelo
Arriba de la mesa,
¡Porque eres tan ameno!

What are the lumps they
put in their tea?
What kind of jam is in the
jar and on the toast?

¿Qué son esas bolsitas que
ponen en el té?
¿De qué sabor será la
mermelada dentro del frasco
y untada en el pan tostado?

Bright red envelopes
And toast with jam and tea!
One lump or two?
Let's make it three!

Sobres color rojo intenso
¡Y panecito tostado con mermelada y té!
¿Una o dos cucharadas de azúcar?
¡Son tres las que aparté!

Have you ever
smelled flowers?
What do you think these
flowers would smell like?

¿Alguna vez has olido flores?
¿A qué crees que
huelen estas flores?

Bright red envelopes,
Pretty flowers too.
Smell them and you'll know
How much I love you!

Sobres color rojo intenso,
Y además lindas flores.
Al olerlas sabrás
¡Que eres el más grande de mis amores!

What do you think
a dream tastes like?

¿A qué crees que
sabe un sueño?

Bright red envelopes,
Strawberries and cream!
Have more! There's plenty
And they taste like a dream!

Sobres color rojo intenso,
¡Fresas con crema!
¡Come más! Hay de sobra
¡No probarlas sería un problema!

The dots on the page
are love dots. We can't really
see love in the air, but we
can feel love around us.
What do you think the note
in this envelope says?

Los puntos en la página
son puntos de amor.
Realmente no podemos ver
el amor en el aire, pero lo
podemos sentir en todos lados.
¿Qué crees que dice la carta
en este sobre?

Bright red envelopes—
One more on your bed!
Dream and know you are loved
When you rest your head.

Sobres color rojo intenso —
¡Uno más encima de tu cama!
Al poner tu cabeza sobre la almohada,
Soñarás y sabrás que alguien te ama.

What Can You Put In An Envelope?
What Does It Mean?
¿Qué puedes poner dentro de un sobre? ¿Qué Signifca?

PENNY: good luck or In God We Trust
BALLOON: a message of joy
PRESSED FLOWER: happiness
TEA BAG: friendship
BOOKMARK: knowledge and wisdom
PRESSED LEAF: achievement
BIRTHDAY CANDLE: celebration
PAPER HEART: love
FEATHER: faith or a blessing
PACKAGE OF SEEDS: a new beginning

CENTAVO: buena suerte o En Dios Confiamos
GLOBOS: un mensaje de alegría
FLOR PRENSADA: felicidad
BOLSITA DE TÉ: amistad
MARCAPÁGINAS: conocimiento y sabiduría
HOJA PRENSADA: logro
VELA DE CUMPLEAÑOS: celebración
PAPEL EN FORMA DE CORAZÓN: amor
PLUMA: fe o una bendición
PAQUETE DE SEMILLAS: un nuevo comienzo

Bright red envelopes!
Now it's up to you…
Make someone's day special
All the year through!

¡Sobres color rojo intenso!
Ahora te toca a ti…
Hazle el día especial a alguien todo el año
¡Ya que no están aquí!

Who would you like to send a red envelope to?
Where will you put it?

¿A quién deseas enviarle un sobre rojo?
¿Dónde lo pondrás?